Daniel Seidl

Cloud-Computing: Vom Hype zur Realität?

GRIN Verlag

Bibliografische Information der Deutschen Nationalbibliothek:

Die Deutsche Bibliothek verzeichnet diese Publikation in der Deutschen National-
bibliografie; detaillierte bibliografische Daten sind im Internet über http://dnb.d-
nb.de/ abrufbar.

Impressum:

Copyright © 2010 GRIN Verlag GmbH
Druck und Bindung: Books on Demand GmbH, Norderstedt Germany
ISBN: 978-3-640-84264-3

Dieses Buch bei GRIN:

http://www.grin.com/de/e-book/167639/cloud-computing-vom-hype-zur-realitaet

Parallele Rechnerarchitekturen und
Programmiermodelle

Cloud-Computing:
Vom Hype zur Realität?

eingereicht bei

Lehrstuhl für Praktische Informatik

Otto-Friedrich-Universität Bamberg

von
Daniel Seidl

Inhaltsverzeichnis

Abbildungsverzeichnis

1 Cloud Computing

Cloud Computing ist in den letzten Jahren zu einem neuen Rechen- und Architektur-paradigma geworden, das von vielen großen und bekannten Unternehmen – darunter Google, Microsoft oder Amazon – mitgetragen und mitgefördert wird. Aufbauend auf vielen Jahren der Forschung an Virtualisierungstechniken und großen Fortschritten in der Netzwerktechnik soll Cloud Computing nach der Ansicht vieler Experten und Analysten der nächste große Schritt im Bereich der Informationstechnologie werden. Serviceorientierte Architektur, verringerte Anfor-derungen an den Endnutzer, große Flexibilität, geringere Kosten und viele weitere Aspekte sprechen für einen weitreichenden Einsatz von Cloud Computing. Viele Experten sind daher der Meinung, dass diese Architektur in den nächsten fünf Jahren die Welt der Informations-technologie in vielen Bereichen stark verändern wird. So rechnet das Marktforschungs-unternehmen IDC damit, dass die Ausgaben im Bereich Cloud Computing von knapp 16 Milliarden US-Dollar im Jahre 2008 auf mehr als 42 Milliarden US-Dollar im Jahre 2012 steigen werden (vgl. Leavitt, 2009, S.15).

Grund genug sich ein genaues Bild darüber zu beschaffen, ob Cloud Computing noch immer nur ein großer Hype ist oder bereits in der Realität angekommen ist. Hierzu wird auf den folgenden Seiten zunächst genauer auf den Begriff "Cloud Computing" eingegangen und ein kurzer Blick auf den aktuellen Stand der Technik und deren Formen geworfen. Im Anschluss rücken einige ausgewählte Aspekte und Herausforderungen der Architektur in den Fokus, bevor der aktuelle Stand der Architektur anhand aktueller Anwendungen der Firmen Amazon und Google dargestellt wird. Zum Schluss wird dann noch ein Blick in die nahe und absehbare Zukunft der Cloud-Architektur geworfen.

1.1 Definition des Begriffes

Zum aktuellen Zeitpunkt gibt es keine allgemein etablierte und anerkannte Definition des Begriffes "Cloud Computing" in der Fachwelt (vgl. Weinhardt et al., 2009, S. 454). Daher definieren verschiedene Quellen diesen Begriff auch auf unterschiedliche Weise. Baun et al. spricht z.B. davon, dass "Cloud Computing [...] die Bereitstellung und Nutzung von IT-Infrastruktur, von Plattformen und von Anwendungen aller Art als im Web elektronisch verfügbare[r] Dienste [erlaubt]. Der Begriff Cloud soll dabei andeuten, dass die Dienste von einem Provider im Internet (bzw. Im Intranet eines größeren Unternehmens) erbracht werden. Die Nutzer der Cloud-Dienste können ihre eigenen Angebote wiederum selbst als Dienste im Internet bzw. Intranet anbieten." (Baun et al., 2010, S. 1f) Eine genauere Definition von ebenfalls von Baun et al. lautet wie folgt: "Unter Ausnutzung virtualisierter Rechen- und Speicherressourcen und moderner Web-Technologien stellt Cloud Computing skalierbare, netzwerk-zentrierte, abstrahierte IT-Infrastrukturen, Plattformen und Anwendungen als on-demand Dienste zur Verfügung. Die Abrechnung dieser Dienste erfolgt nutzungsabhängig." (Baun et al., 2010, S. 4)

Armbrust et al. (2009, S.4) hingegen führt bereits eine genauere Definition des Begriffes "Cloud Computing". So bezieht sich der Begriff sowohl auf die Angebote, die über das Internet zugänglich gemacht werden, als auch auf die Hardware und die Systeme, die hinter diesen Angeboten stehen. Hierbei werden die eigentlichen Angebote als "Software as a Service" (kurz: SaaS) und die dahinter liegende Software und Hardware als die eigentliche "Cloud" bezeichnet.

Einen ganz anderen Ansatz zur Definition des Begriffes verfolgte im Jahre 2008 das Marktforschungsunternehmen Forrester Research, Inc. und führte mit mehr als 30 Firmen, die direkt mit Cloud Computing in Verbindung stehen, Interviews durch. Daraus folgerte das

Unternehmen folgende Definition: *"A pool of abstracted, highly scalable, and managed compute infrastructure capable of hosting end-customer applications and billed by consumption."* (Staten, 2008, S. 3) In dieser Definition zeigen sich allerdings vor allem jene Aspekte, die für ein Unternehmen beim Einsatz neuer Technologien wichtig erscheinen mögen.

Allgemein lässt sich nur nochmals wiederholen, dass es keine allgemein anerkannte Definition des Begriffes gibt. Im Zuge dieser Arbeit möchte ich mich jedoch auf folgende, eigene Definition beziehen, die auf den bereits erwähnten Definitionen aufbaut:

"Cloud Computing bezeichnet zunächst zwei Dinge. Auf der einen Seite stehen die Angebote und Dienste, die meist über das Internet (aber auch über ein Intranet eines Unternehmens) elektronisch zugänglich gemacht werden, wobei diese Angebote und Dienste von einem Provider auf Basis einer Cloud bereitgestellt werden. Die eigentliche Cloud bezeichnet die Hardware und die Systeme, die hinter diesen Angeboten stehen. Diese IT-Infrastruktur ist eine abstrahierte, netzwerk-zentrierte und leicht skalierbare und vom Provider verwaltete Struktur, die meist auf Virtualisierung mehrerer Maschinen auf einer physischen Maschine beruht. Je nach wachsendem oder sinkendem Bedarf kann der Provider dem Kunden schnell und einfach theoretisch unlimitierte Ressourcen zur Verfügung stellen. Dieses Angebote und Dienste werden vom Kunden in der Regel abhängig von dessen Bedürfnissen und dessen Leistungsgebrauch (Pay-per-Use Preismodell) entlohnt."

1.2 Abgrenzung zum Grid Computing

Cloud Computing basiert im Grunde auf der Architektur des Grid Computing, welches hauptsächlich für rechenintensive Anwendungen vor allem in der Forschung eingesetzt wird. Eine Anpassung des Grid-Konzepts für andere Aspekte, wie z.B. der Nutzung in betrieblichen und kommerziellen Umgebungen, die eher selten sehr rechenintensive Anwendungen über längere Zeit nutzen, wurde nie verfolgt. Die aktuellen Entwicklungen im Bereich des Cloud Computing versuchen jedoch genau diese beiden "Welten" zu verbinden und eine Lücke zu schließen (vgl. Weinhardt et al., 2009, S.458).

Ein sehr wichtiger Bestandteil von Cloud Computing ist die breite Nutzung von Virtualisierungstechnologien wie Xen oder VMWare auf der Basis eines Grids um mehrere verschiedene virtuelle Maschinen gleichzeitig betreiben zu können, was den Vorteil hat, dass für den Kunden jede Maschine auf dessen persönliche Bedürfnisse eingerichtet ist (vgl. Weinhardt et al., 2009, S. 456).

Während das eigentliche Grid Computung hauptsächlich dazu dient, große Rechenleistungen für ebenso große Rechenprobleme nutzbar zu machen, wird Cloud Computing inzwischen auch zur Bereitstellung von Webseiten eingesetzt, da eine direkte Interaktion durch Virtualisierung erheblich leichter fällt. Während bei der Entwicklung auf einem Grid-System eine ausführbare Datei über teils komplexe Middleware in das Grid übertragen werden muss, um sie dort ausführen zu können, erlaubt das eher offene System der Cloud eine schnelle Interaktion mit Resourcen über standardisierte Webprotokolle. So lässt sich z.B. jeder virtuellen Maschine innerhalb der Cloud eine eigene IP-Adresse zuordnen, wodurch der Kunde die Möglichkeit einer direkten Vebindung zu seiner Maschine erhält. Dies mag auch ein Grund sein, warum Grid-Computing bisher in vielen Betrieben keine große Rolle gespielt hat. Aufwendige Verwaltung und hohe Einstiegskosten schrecken viele Betriebe ab. Cloud Computing hingegen lockt mit einer skalierbaren Preisgestaltung und leichter Zugänglichkeit sowie Benutzerfreundlichkeit (vgl. Weinhardt et al., 2009, S. 457).

1.3 Aktueller Entwicklungsstand

Vor allem in den letzten Jahren hat die Entwicklung von Systemen und Diensten auf der Basis der Cloud-Architektur sehr durch die Bemühungen und Investitionen großer Firmen wie Google, Amazon oder Microsoft profitiert und große Schritte nach vorne gemacht. Diese Anbieter (oder auch Provider) von Internetdiensten haben bereits vor geraumer Zeit erkannt, dass sich mit Cloud Computing ein völlig neuer Markt eröffnet, der kaum erschlossen ist und große Gewinne verspricht. Einer der ersten Dienste dieser Art war der *"Amazon Simple Storage Service"* (kurz Amazon S3) – ein Speicherungsdienst auf Basis der Cloud-Architektur – im März 2006 oder die *"Amazon Elastic Compute Cloud"* (kurz Amazon EC2) – ein Computing-Dienst auf Basis der Cloud-Architektur – im August 2006. Auf beide Dienste wird in Kapitel 3.2 noch genauer eingegangen.

Allgemein lässt sich sagen, dass der Markt momentan nicht nur von große Firmen dominiert wird, sondern auch kleinere Firmen wie Box.net[1] (ca. 70 Mitarbeiter) oder Salesforce.com[2] (ca. 3.300 Mitarbeiter) zumindest Nischenplätze auf dem Markt eingenommen haben, indem sie sich nur auf bestimmte Bereiche der Cloud-Architektur spezialisiert haben. Auch diese Spezialisierung kleinerer Firmen – neben den erwähnten Bestrebungen der großen Firmen – hat die Entwicklung von Cloud Computing in den letzten Jahren gefördert, so dass die Architektur zumindest aus der Sicht der Provider schon in der Gegenwart angekommen ist. Derzeit wird *"eine steigende Zahl der Angebote von On-Demand-Internetdiensten [beobachtet]. Prominente Dienstleister wie Amazon, Google, SUN, IBM, Oracle, Salesforce etc erweitern ihre Computing-Infrastrukturen und Plattformen zu einem zentralen Element für die Bereitstellung von Spitzendiensten für Computerberechnungen, Speicher-ung, Datenbanken und Anwendungen."* (Weinhardt et al., 2009, S.459)

1.4 Formen des Cloud Computing

Unterschieden wird allgemein zunächst zwischen Public, Private und Hybrid Clouds. Gehören Provider und Benutzer der auf Cloud-Architektur basierenden Dienste nicht der gleichen organisatorischen Einheit an, d.h. der Provider bietet seine Dienste (gegen Entlohnung) öffentlich an, spricht man von einer Public Cloud. Bei einer Private Cloud (oder Internal Cloud) gehören Provider und Benutzer hingegen der gleichen organisatorischen Einheit an. Dies ist zum Beispiel sinnvoll bei besonderen Sicherheitsgründen, da die Kontrolle der Daten innerhalb der Cloud unter Kontrolle der Organisation bleibt. Als Beispiel lassen sich hier personenbezogene Daten im Gesundheitswesen nennen.

Von einer Hybrid Cloud spricht man, wenn Dienste aus einer Public und einer Private Cloud genutzt werden. Abhängig von den Sicherheitsgründen wird der Regelbetrieb in der eigenen Private Cloud abgehandelt und nur in Stoßzeiten oder Lastspitzen werden die Dienste einer Public Cloud zusätzlich hinzugezogen. Abbildung 1 zeigt eine beispielhafte Positionierung der drei Cloud Typen zueinander (vgl. Baun et al., 2010, S. 26).

Desweiteren werden drei Servicearten unterschieden, die ein Provider seinen Kunden anbieten kann: Infrastructure as a Service (Iaas), Platform as a Service (PaaS) und Software as a Service (SaaS). In den folgenden Absätzen findet sich je eine kurze Erläuterung dieser Servicearten und dazu passende Beispieldienste bekannter Cloud-Provider.

---

1   Siehe: http://www.box.net
2   Siehe: http://www.salesforce.com

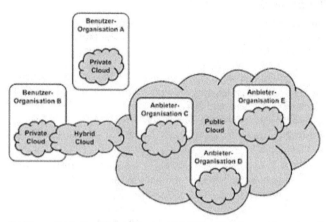

Abbildung 1: Public Cloud, Private Cloud und Hybrid Cloud (vgl. Baun et al., 2010, S. 26)

Infrastructure as a Service (IaaS): Der Provider stellt dem Kunden eine (evtl. vollständige) Computer-Infrastruktur zur Verfügung. Hier lässt sich nochmals zwischen der Bereitstellung von Speichermöglichkeiten und der Bereitstellung von Rechenleistung unterscheiden. Amazon bietet beispielsweise hier seinen Speicherungdienst "Amazon S3" (Amazon Simple Storage Service)[3] und seinen Computing-Dienst "Amazon EC2" (Amazon Elastic Compute Cloud)[4] an. Der Preis richtet sich hierbei entweder nach Pay-per-Use oder Abonnements (vgl. Weinhardt et al., 2009, S. 458).

Platform as a Service (PaaS): Der Provider stellt dem Kunden Plattform-Lösungen aufbauend auf seiner Cloud-Infrastruktur zur Verfügung. Unterschieden werden kann hier nochmals zwischen dem Angebot von Entwicklungsplattformen und betrieblichen Plattformen. Entwicklungsplattformen bieten Entwicklern die einfache Möglichkeit Anwendungen in die Cloud zu laden und webbasiert zugänglich machen, wodurch u.a. die Skalierbarkeit bei ansteigender Nutzung getestet werden kann. Als Beispiel lässt sich hier die App Engine[5] von Google anführen (vgl. Weinhardt et al., 2009, S. 459).

Software as a Service (SaaS): Diese Form des Cloud-Computings ist sicherlich die bekannteste Form, da es sich hier um die eigentliche Anwendungs-Schnittstelle für den Endkunden handelt. Anwendungen und Dienste werden dem Endkunden auf Basis der Cloud-Infrastruktur angeboten. Das momentan bekannteste Beispiel dieser Kategorie sind vermutlich die Google Apps[6], die eine breite Fülle an Anwendungen bereitstellen, die leicht zugänglich über einen gewöhnlichen Webbrowser zu erreichen sind. Ein weiteres prominentes Beispiel dieser Kategorie sind die Dienstleistungen von SAP[7]. Der Preis richtet sich hierbei meist nach Pay-per-Use oder einem monatlichen Beitrag (vgl. Weinhardt et al., 2009, S.459). Software as a Service ist teilweise auch als Applications as a Service bekannt.

---

3 Siehe: http://aws.amazon.com/s3
4 Siehe: http://aws.amazon.com/ec2
5 Siehe: http://appengine.google.com
6 Siehe: http://www.google.com/apps
7 Siehe: http://www.sap.com

2 Ausgewählte Aspekte des Cloud Computing

Cloud Computing bietet – wie jede andere Architektur auch – eine Reihe an Vorteilen, aber auch eine Reihe nach Nachteilen. Unterhält eine Firma beispielsweise eigene Plattformen für ihre Softwareanwendungen, so muss diese auch selbstständig für den Kauf neuer Hardware und die Wartung der Plattformen aufkommen. Geschultes Personal ist hierbei auf jeden Fall nötig. All diese Aspekte sind jedoch ein großer Zeit- und vor allem Kostenfaktor vor allem für kleinere Unternehmen, die nur selten ein eigenes Rechenzentrum kostendeckend führen können. So werden viele Rechenzentren dieser Art durchschnittlich zu weniger als 50% ausgelastet und nutzen nur sehr selten alle Kapazitäten aus (vgl. Leavitt, 2009, S.17).

In diesen Fällen ist Cloud Computing eine attraktive Alternative. Unternehmen müssen sich nicht mehr selbst um die eigentliche Hardware kümmern, erhalten stets die Kapazitäten, die gerade gebraucht werden, und haben auch nur die Kosten, die auch tatsächlich entstanden sind. Ein weiterer Vorteil die IT-Infrastruktur aus dem eigenen Haus in die Hände eines Cloud Computing Providers zu verlagern ist die Verfügbarkeit der Dienste. Eine großer Provider mit vielen Ressourcen und den nötigen Ausfallskapazitäten kann in der Regel eine Verfügbarkeit seiner Dienste nahe der 100% garantieren. Einen Wert, den ein (kleineres) Unternehmen mit einem eigenen Rechenzentrum in der Regel nicht erreichen kann (vgl. Leavitt, 2009, S.17).

Allerdings stellen sich beim Umstieg auf Cloud Computing auch eine Reihe von Fragen und Herausforderungen für ein Unternehmen bzw. den Kunden des Providers. Wie sieht es mit der Kontrolle, der Datensicherheit und vor allem dem Datenschutz innerhalb der Cloud aus? Reichen Bandbreite und Latenz zum Provider aus? Dies sind nur zwei von vielen Fragen, die sich ein Unternehmen stellen sollte, bevor es die Dienste eines Cloud Computing Providers in Anspruch nimmt. Im Folgenden werden einige dieser Aspekte genauer beleuchtet.

2.1 Bandweite und Latenz

Wie bereits erwähnt, können Unternehmen durch die Nutzung von Cloud Computing Diensten große Menge an Kosten sparen, die sonst in den Aufbau und die Wartung eines eigenen Rechenzentrums fließen würden. Hierbei muss jedoch zunächst zwischen zwei Fällen unterschieden werden: Greift das Unternehmen direkt auf die Cloud zu, da dort die internen IT-Diensten des Unternehmens ausgelagert wurden, oder dient die Cloud nur als Vermittler zwischen Unternehmen und Kunden? Im zweiten Fall ist ein großflächiger Ausbau der Unternehmsbandbreite nicht nötig, da der meiste Traffic zwischen Cloud und Kunden entstehen wird. Im ersten Fall jedoch zwingt die Auslagerung der IT Infrastruktur das Unternehmen dazu in den Ausbau der Bandweite zu investieren, um weiterhin ohne größere Probleme arbeiten zu können. Werden nur kleinere Internetbasierte Anwendungen genutzt, so lassen sich diese schon mit einer relativ geringen Bandbreite in einer Cloud nutzen. Ein Unternehmen, das jedoch große Anwendungen oder Datenbanken mit bis zu mehreren Terrabyte Größe in der Cloud nutzt, wird mit einer schmalen Anbindung sehr schnell an die Grenzen des Möglichen stoßen. Ein Ausbau in die eigene Bandweite ist in diesem Fall von großer Bedeutung (vgl. Leavitt, 2009, S.18). Für ein Unternehmen stellt sich also auch die Frage, ob der Ausbau der eigenen Bandweite nicht einen größeren Kostenfaktor darstellt, als die Wartung eines eigenen kleinen Rechenzentrums.

Ein weiteres mögliches Problem neben der Bandweite kann die Latenz zwischen den Rechnern eines Unternehmens und dem Rechenzentrum der Cloud Computing Provider darstellen. Bei erhöhtem Traffic und schlecht optimiertem Code kann die Latenz vor allem bei einer großen räumlichen Entfernung zwischen Unternehmen und Provider Dimensionen annehmen, die ein reibungsloses Arbeiten nicht mehr ermöglichen. So haben einige Provider bereits zeitweise Kapazitätsprobleme in Stoßzeiten, die allerdings meist darin ihren Ursprung haben, dass zu viele virtuelle Maschinen auf einer physischen Maschine betrieben werden oder die Anbindung des Rechenzentrums an das Internet überlastet wird (vgl. Leavitt, 2009, S.18).

2.2 Datensicherheit und Datenschutz

Viele Unternehmen begründen ihre Abneigung gegenüber den allgemeinen Vorteilen von Cloud Computing damit, dass vor allem sensible Daten innerhalb der Cloud einer größeren Gefahr ausgesetzt sind, sowohl in Bezug auf den Transfer als auch im Bezug auf eine Speicherung. Einer von IDC getätigten Umfrage nach teilen beinahe 75% der befragten Unternehmen diese Auffassung, da es in ihren Augen ein großes Risiko ist Geschäftsdaten und kritische IT Ressourcen außerhalb der eigenen Firmenkontrolle zu verwalten. Man will sicher sein, dass sich Provider von Cloud Computing Diensten zumindest an die üblichen Sicherheitsrichtlinien für sensible Daten halten (vgl. Leavitt, 2009, S. 18).

Ein weiteres Problem, was nicht direkt die Sicherheitsbedenken der Unternehmen betrifft, sind geltende Gesetze in verschiedenen Ländern. Die Daten innerhalb einer Cloud können theoretisch überall auf der Welt verwaltet werden, dies kann jedoch zu rechtlichen Problemen führen. Viele Länder der Europäischen Union haben z.B. Gesetze, die es verbieten sensible Personendaten in Länder außerhalb der EU zu übertragen. Viele Provider – wie u. a. auch Amazon – haben dieses Probleme aber dadurch umgangen, dass sie spezielle Clouds innerhalb der Grenzen der Europäischen Union eingerichtet haben (vgl. Leavitt, 2009, S. 18).

In anderen Ländern gibt es möglicherweise Gesetze, die fremden Regierungen den Zugriff auf Daten innerhalb der Cloud erlauben. Europäische Nutzer von Cloud-Diensten könnten zum Beispiel darüber beunruhigt sein, dass durch den in den Vereinigten Staaten geltenden Patriot Act und den damit verbundenen Krieg gegen den Terror die Abhörrechte der dortigen Geheimdienste enorm ausgedehnt wurden. So müssen Provider unter anderem ihre Daten und damit auch die Daten der Kunden auf Anfrage offen legen.

Nicht zu verachten sind auch die Gefahren, die dadurch entstehen, dass sich mehrere Kunden unter Umständen die gleiche physische Maschine teilen. Durch eine eventuell fehlerhafte Konfiguration oder Administration besteht die Möglichkeit, dass anderen Kunden kurzfristig die Möglichkeit gegeben ist auf fremde Daten anderer Kunden zuzugreifen. Vor allem im Sinne des Konkurrenzdenkens vieler Unternehmen ist hier ein Nachteil in der Datensicherheit zu erkennen, wenn ein direkt konkurrierendes Unternehmen die Möglichkeit erhält unrechtmäßige Kopien zu erstellen und diese gewinnbringend oder schadenverursachend einzusetzen (vgl. Cunningham et al., 2009, S.29).

Allgemein ist also eine größere Transparenz im Bezug auf die Sicherheit bei Cloud-Diensten nötig, um großflächig Firmen von der Nutzung der Cloud-Architektur zu überzeugen. Momentan sollte man jedoch keine großen Fortschritte in diesem Bereich erwarten, da die nötige Transparenz über Lage und Speicherung der jeweiligen Daten dem Konzept des Cloud Computings widersprechen würde (vgl. Weinhardt et al., 2009, S.461).

2.3 Kontrolle und Zuverlässigkeit

Ein weiterer Aspekt über den sich viele Unternehmen Gedanken machen, wenn sie davor stehen die Dienste eines Cloud Computing Providers in Anspruch zu nehmen, ist die Frage der Kontrolle. Die Vorteile einer Cloud "erkauft" man damit, dass der Provider die Technik wartet und betreut. Ein eigenes Eingreifen durch das Unternehmen ist nicht möglich, so dass man sich in diesem Aspekt völlig in die Hände des Providers gibt. Ein Provider hat zudem gar nicht die Möglichkeiten und Kapazitäten seine Dienste genau auf die Ansprüche der Kunden und deren bisherige Standards zu optimieren, wodurch Kunden in der Regel sich immer anpassen müssen und nicht ohne größere Probleme ihre Dienste in eine Cloud verlagern können (vgl. Leavitt, 2009, S. 18). Die meisten Provider erlauben es auch nicht, dass Kunden ihre eigene Sicherheits- und Managementsoftware innerhalb der Cloud nutzen dürfen (vgl. Staten, 2008, S. 9).

Auch eine Betrachtung der Zuverlässigkeit dürfte eine wichtige Rolle spielen, wenn ein Unternehmen mit dem Gedanken spielt Cloud-Architektur einzusetzen. Auf beiden Seiten kann es hierbei zu Problemen kommen. Das Unternehmen ist auf eine dauerhafte und stabile Internetverbindung angewiesen, fällt diese aus welchen Gründen auch immer aus, so ist ein reibungsloser Ablauf aller Geschäftsprozesse nur noch unter erschwerten Bedingungen oder gar nicht mehr möglich. Aber auch auf Seiten des Providers kann es zu Problemen bei der Zuverlässigkeit kommen. So kam es am 12. Februar 2008 bei Salesforce.com zu einem Ausfall aller Dienste über einen Zeitraum von sechs Stunden. Auch größere Provider sind von derartigen Ausfällen nicht vollkommen geschützt: Amazons Dienste S3 (Simple Storage Service) und EC2 (Elastic Compute Cloud) waren am 15. Februar 2008 für drei Stunden nicht mehr zu erreichen (vgl. Leavitt, 2009, S. 19).

Eine einfache Rechnung zeigt, welches Risiko hinter den Verfügbarkeitsangaben der Provider für ein Unternehmen stecken kann. Selbst wenn der Provider eine sehr hohe Verfügbarkeit von 99,9999% garantiert – was aus technischen Gründen nur schwer zu erreichen ist – bleibt noch immer eine durchschnittliche Nicht-Verfügbarkeit der Cloud-Dienste von einer Stunde pro Jahr (vgl. Rangan, 2008, S. 38). Im Service Level Agreement[8] von Amazons Computing-Dienst EC2 (Elastic Compute Cloud) wird allerdings nur eine jährliche Verfügbarkeit von 99,95% angegeben, im Service Level Agreement[9] von Google Aps hingegen wird eine monatliche Verfügbarkeit von "nur" 99,9% garantiert. Fällt dieser minimale Ausfall allerdings in einen für das jeweilige Unternehmen kritischen Zeitraum, so kann dies nicht nur zu Nachteilen für das Unternehmen führen, sondern auch zu finanziellen Ausfällen.

3 Aktuelle Anwendungen

Aufgelistet nach den drei Servicearten aus Kapitel 1.4 zeigt Abbildung 2 die aktuell wichtigsten Anbieter von Diensten auf Basis der Cloud-Architektur. Leicht zu erkennen ist, dass sowohl Google als auch Microsoft versuchen alle drei Bereiche abzudecken und somit zu den größten Providern im Bereich des Cloud Computing zählen, dicht gefolgt von Amazon (Infrastruktur und Platform) und Salesforce.com (Platform und Applications/Software).

Während Google vor allem darauf baut eigene Software-Entwicklungen – bekannt als Google Apps – kostenlos Privatpersonen zur Verfügung zu stellen, bietet Microsoft abgespeckte bzw. angelehnte Versionen der Microsoft Office Produkte als Live-Plattform an.

---

8 Siehe: http://aws.amazon.com/ec2-sla
9 Siehe: http://www.google.com/apps/intl/en/terms/sla.html

Amazon ist vor mit seinen zahlreichen Diensten vor allem im Bereich Platform stark vertreten, während Salesforce.com sich vor allem auf CRM-Dienste (Customer-Relationship-Management) spezialisiert hat. Beides ist eher für Unternehmen interessant, die Dienste von Google und Microsoft sind hingegen bei Privatpersonen bereits heute stark vertreten.

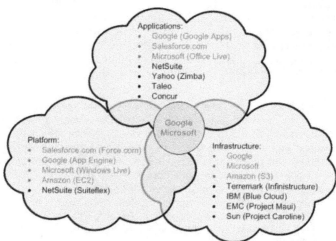

Abbildung 2: Übersicht der wichtigsten Cloud-Provider (vgl. Rangan, 2008, S. 7)

3.1 Übersicht der wichtigsten Anbieter

Im Folgenden eine Auswahl der größten und wichtigsten Anbieter im Bereich der Cloud Computing Provider, jeweils mit Produkten, Art der Dienste und Preismodell (vgl. Weinhardt et al., 2009, S.458):

Unternehmen / Produkt	Diensttyp	Preismodell
Amazon EC2, S3, SimpleDB, SQS, FPS, DevPay etc.	Computing, Speicherung, Datenbank, Bezahlung, Abrechnung	Pay-per-Use
Appian Anywhere	Geschäftsprozessmanagement	Pay-per-Use
Box.net	Speicherung	Pay-per-Use
FlexiScale	Infrastruktur	Pay-per-Use
Google App Engine	Infrastruktur, Webanwendungen	Pay-per-Use
Gmail Drive	Speicherung, E-mail	kostenlos / Pay-per-Use
MuxCloud	Datenverarbeitung (Video): verwendet Amazon EC2	Pay-per-Use
Nirvanix	Speicherung	Pay-per-Use
Network.com	Infrastruktur	Pay-per-Use
OpSource	Abrechnung	Abonnement
Process Maker Live	Geschäftsprozessmanagement	Pay-per-Use
Saleforce.com	Plattform	Pay-per-Use

MS SkyDrive	Speicherung	kostenlos
SnugMug	Datenaustausch (Photo)	Abonnement
Strikeiron	Web Services	Abonnement / Pay-per-Use
XDrive	Speicherung	Abonnement
XCalibre	Infrastruktur	Abonnement
Zimory.com	Handelsplattform	dynamisch

3.2 Beispiel: Amazon Web Services

Mit den **"Amazon Web Services"**[10] (kurz AWS) bietet Amazon bereits seit geraumer Zeit eine Reihe von Diensten auf Basis der Cloud-Architektur an, die in der Regel alle durch ein Pay-per-Use Preismodell zur Verfügung gestellt werden.

Mit der **"Amazon Elastic Compute Cloud"**[11] (kurz EC2) erhält der Kunde beispielsweise die Möglichkeit mehrere virtuelle Linux-Maschinen nach Bedarf zu verwalten ohne ständig physische Maschinen anzuschaffen oder zu mieten. Zudem erhält man auf den virtuellen Linux-Maschinen in der EC2 volle Root-Rechte über das Betriebssystem, eine frei konfigurierbare Firewall und die Möglichkeit jede Art von Software zu installieren und auch zu nutzen. Zur leichteren Verwaltung reicht es einen Server nach den eigenen Bedürfnissen zu konfigurieren und diese Einstellungen als eine Art Server-Image zu speichern. Mit diesem lassen sich dann in wenigen Minuten weitere Server aufsetzen und konfigurieren. Ein großer Vorteil von EC2 ist es, dass der Kunde je nach Bedarf sehr schnell beliebig viele weitere Maschinen zur Verfügung stehen hat und diese ebenso schnell auch wieder aufgeben kann. So lassen sich kurzfristig hohe Kapazitäten erreichen, die mit einem herkömmlichen Rechenzentrum nicht möglich wären. Zur Verwaltung der virtuellen Maschinen bietet Amazon eine einfache API an, mit der sich die Server starten, stoppen und verwalten lassen. Eine Verwaltung über eine sichere Shell Session ist ebenso möglich (vgl. Murty, 2008, S. 2).

Mit dem Dienst **"Amazon Simple Storage Service"**[12] (kurz S3) bietet Amazon hingegen einen flexiblen und sicheren Onlinespeicherplatz für Daten aller Art als Alternative zu einer eigenen Backup-Lösung. Zudem sind die Daten bei Bedarf jederzeit und von überall auf der Welt über das Internet erreichbar. Amazon selbst stellt hierbei keine Limits im Bezug auf Art der Daten, Speicherdauer, Speicherplatz oder Trafficverbrauch. Bei S3 werden die Daten des Kunden flexibel innerhalb einer Cloud auf mehrere Rechenzentren redundant verteilt, sind somit also auch bei Stoßzeiten in der Regel problemlos zu erreichen. Die Verwaltung der Daten erfolgt über eine einfach zu benutzende API des Providers (vgl. Murty, 2008, S. 2). Ein weiterer Dienst in dieser Richtung, der sich momentan noch im Beta-Status befindet, ist **"Amazon CloudFront"**[13]. Dieser skalierbare Dienst ist im Prinzip eine Erweiterung von S3, der es erlaubt die mit S3 gespeicherten Daten mit hohen Transferraten zu verteilen. Downloadanfragen werden automatisch auf das Rechenzentrum innerhalb der Cloud geleitet, das dem Anfragenden die höchste Performance und Datenübertragung bietet. Dies ist nur daher möglich, da S3 die gespeicherten Daten – wie bereits erwähnt – redundant auf mehrere

---

10 Siehe: http://aws.amazon.com
11 Siehe: http://aws.amazon.com/ec2
12 Siehe: http://aws.amazon.com/s3
13 Siehe: http://aws.amazon.com/cloudfront

Rechenzentren auf dem gesamten Globus verteilt. Auch dieser Service basiert auf einem einfachen Pay-per-Use Preismodell (vgl. http://aws.amazon.com/cloudfront/).

Ein weiterer Dienst im Beta-Status ist *"Amazon Simple DB"*[14] (kurz SimpleDB), der wie der Name schon andeutet nur für relativ einfache relationale Datenbanken geeignet ist. Mit diesem Dienst kann der Kunde seine Datenbank in eine Cloud auslagern und hierbei eine leicht zu verwaltende und zu durchsuchende Datenbankstruktur nutzen. Daten können jederzeit und von überall auf der Welt verwaltet werden, jede Informatione wird indexiert und erleichert somit das Durchführen von Querys an die Datenbank. Wie bei allen anderen Diensten auch rühmt sich Amazon damit, dass die Daten stets sicher in den eigenen Rechenzentren sind (vgl. Murty, 2008, S. 4). Für umfangreichere Datenbanken ähnlich einer MySQL Datenbank bietet Amazon hingegen den Dienst *"Amazon Relational Database Service"*[15] (kurz RDS) an. Ebenfalls auf der Cloud-Architektur basierend, lassen sich hierbei jedoch die Daten aus einer MySQL Datenbank ohne größere Probleme überführen, so dass bereits vorhandener Code und Programme auch mit der ausgelagerten Datenbank ohne größere Probleme funktionieren sollten. Per API lassen sich jederzeit ohne Limits die Ressourcen und die Speicherkapazität der relationalen Datenbank je nach Bedarf anpassen (vgl. http://aws.amazon.com/rds/).

Mit einem ganz anderen Aspekt des Internets befasst sich der Dienst *"Amazon Simple Queue Service"*[16] (kurz SQS). Auf Basis der Cloud-Architektur wird es dem Kunden ermöglicht ohne große eigene Investitionen ein eigenes System für Kurznachrichten zwischen jeder Art von Computer oder System einzurichten. Mit SQS ist es möglich eine unbegrenzte Anzahl dieser Nachrichten zu verschicken und dabei zugleich Zufriffsrechte zu verwalten. Das System verhindert ein mehrfaches Verschicken von Nachrichten, stellt aber auch die Auslieferung der Nachrichten sicher. Mit einer einfachen API lassen sich Nachrichten verschicken und versenden, sowie deren Verlauf nachverfolgen (vgl. Murty, 2008, S.3).

3.2.1 Kosten am Beispiel von Amazon Elastic Compute Cloud (EC2)

Wie bereits erwähnt richten sich die Kosten[17] bei der Nutzung aller Amazon Web Services nach einem Pay-per-Use Preismodell. Es gibt grundsätzlich keine Grundgebühren oder Mindest-umsätze. Beim EC2 Dienst richtet sich der Preis auch nach dem genutzten Instanz-Typen, dem Betriebssystem und dem Standort der Instanz. Amazon bietet hierbei grundlegend die folgenden sieben Instanz-Typen an, wobei eine EC2 Compute Unit etwa einer CPU-Kapazität eines 2007 Xeon Prozessors mit einer Takrate von 1,0 bis 1,2 GHz entspricht:

	Memory	Compute Units		Storage	Platform
Standard Small Instance	1.7 GB	1 EC2	1 virtual core with 1 EC2	160 GB	32-bit
Standard Large Instance	7.5 GB	4 EC2	2 virtual cores with 2 EC2	850 GB	64-bit
Standard Extra Large Instance	15 GB	8 EC2	4 virtual cores with 2 EC2	1690 GB	64-bit
High-Memory Double Extra Large Instance	34.2 GB	13 EC2	4 virtual cores with 3.25 EC2	850 GB	64-bit
High-Memory Quadruple Extra Large Instance	68.4 GB	26 EC2	8 virtual cores with 3.25 EC2	1690 GB	64-bit
High-CPU Medium Instance	1.7 GB	5 EC2	2 virtual cores with 2.5 EC2	350 GB	32-bit
High-CPU Extra Large Instance	7 GB	20 EC2	8 virtual cores with 2.5 EC2	1690 GB	64-bit

14 Siehe: http://aws.amazon.com/simpledb
15 Siehe: http://aws.amazon.com/rds
16 Siehe: http://aws.amazon.com/sqs
17 Siehe: http://aws.amazon.com/ec2/#pricing

Als Betriebssystem bietet Amazon eine Reihe von verschiedenen Systemen an, wie z.B. Red Hat Enterprise Linux, Windows Server 2003/2008, Oracle Enterprise Linux, OpenSolaris, openSUSE Linux, Ubunti Linux, Fedora, Gentoo Linux oder Debian. Bei der Kostenberechnung wird allerdings nur grundlegend zwischen Windows- oder Linux-Systemen unterschieden.

Im weiteren unterscheidet das Preismodell noch drei verschiedene Modelle. Mit "On-Demand Instances" lässt sich die Rechenkapazität stundengenau abrechnen, mit "Reserved Instances" lässt sich ein Festpreis für die Nutzung in einem Zeitrahmen von einem Jahr oder drei Jahren abrechnen und man erhält dafür kostengünstigere Stundenpreise. Mit "Spot Instances" hingegen lassen sich kurzfristig ungenutzte Kapazitäten zu vergünstigten Preisen abrechnen. In den folgenden Tabelleen entspricht NV = North Virginia (USA), NC = North California (USA) und EU = Irland als Standort der physischen Server.

On-Demand / prices per hour	NV / Linux	NV / Win	NC / Linux	NC / Win	EU / Linux	EU / Win
Standard Small	$0.085	$0.12	$0.095	$0.13	$0.095	$0.12
Standard Large	$0.34	$0.48	$0.38	$0.52	$0.38	$0.48
Standard Extra Large	$0.68	$0.96	$0.76	$1.04	$0.76	$0.96
HM Double Extra Large	$1.20	$1.44	$1.34	$1.58	$1.34	$1.44
HM QR Extra Large	$2.40	$2.88	$2.68	$3.16	$2.68	$2.88
High-CPU Medium	$0.17	$0.29	$0.19	$0.31	$0.19	$0.29
High-CPU Extra Large	$0.68	$1.16	$0.76	$1.24	$0.76	$1.16

Bei Wahl des Preismodells "Reserved Instances" ist bei Amazon momentan nur die Wahl eines Linux-System als Betriebssystem möglich. Bei Nichtnutzung der Instanz fallen neben der jährlichen bzw. dreijährlichen Grundgebühr keine weiteren Kosten an. Die Preise pro Stunde beziehen sich nur auf tatsächlich genutzte Kapazitäten.

Reserved Instances	1 yr Term	3 yr Term		NV / per hour	NC / per hour	EU / per hour
Standard Small	$227.50	$350		$0.03	$0.04	$0.04
Standard Large	$910	$1400		$0.12	$0.16	$0.16
Standard Extra Large	$1820	$2800		$0.24	$0.32	$0.32
HM Double Extra Large	$3185	$4900		$0.42	$0.56	$0.56
HM QR Extra Large	$6370	$9800		$0.84	$1.12	$1.12
High-CPU Medium	$455	$700		$0.06	$0.08	$0.08
High-CPU Extra Large	$1820	$2800		$0.24	$0.32	$0.32

Hierbei lässt sich leicht erkennen, dass die Wahl des "Reserved Instances" Preismodells bei hoher Nutzung relativ schnell für den Kunden günstiger wird. Wählt der Kunde beispielsweise als Standort Irland und als Instanztyp "Standard Small", so lohnt sich die Wahl des zweiten Preismodells für 3 Jahre bereits ab einer Nutzung von 6.364 Stunden innerhalb dieser drei Jahre, was knapp 265 Tagen Dauerbetrieb entspricht.

Auch an zwei Beispielrechnungen für eine 24/7 Nutzung über ein gesamtes Jahr lässt sich der große Vorteil der *"Reserved Instances"* erkennen und zugleich die recht preisgünstigen Kosten für Unternehmen bei Nutzung der Dienste von Cloud-Providern:

34.2 GB Memory, 13 EC2, 850 GB Storage, Linux, Ort: Irland

- On-Demand: 11.738 US-Dollar pro Jahr
- Reserved (1 year): 8.090 US-Dollar pro Jahr
- Reserved (3 years): 6.538 US-Dollar pro Jahr

7.5 GB Memory, 4 EC2, 850 GB Storage, Linux, Ort: Irland

- On-Demand: 3.328 US-Dollar pro Jahr
- Reserved (1 year): 2.311 US-Dollar pro Jahr
- Reserved (3 years): 1.868 US-Dollar pro Jahr

Zusätzlich zu den Computing Kosten fallen ab dem 1. Juli 2010 noch Kosten für den Datentransfer in die Cloud und aus der Cloud hinaus an. Bisher war der Datentransfer kostenlos enthalten, ab dem Stichtag kosten der Datentransfer in die Cloud $0.10 pro GB, der Transfer aus der Cloud hinaus richten sich dann nach folgender Staffelung:

- für die ersten 10 TB pro Monat $0.17 pro GB
- für die nächsten 40 TB pro Monat $0.13 pro GB
- für die nächsten 100 TB pro Monat $0.11 pro GB
- darüber hinaus pro Monat $0.10 pro GB

3.3 Beispiel: Google App Engine

Die Google App Engine[18] ermöglicht es Entwicklern spezielle Webanwendungen auf der umfangreichen Cloud-Infrastruktur von Google laufen zu lassen. Diese Anwendungen sind laut Google leicht zu programmieren und zu warten und ebenso leicht dank der Cloud-Architektur bei wachsendem Datenverkehr und wachsenden Zugriffen zu skalieren. Ein großer Vorteil der App Engine ist es, dass die Anwendungen bei Wunsch auch direkt über eine eigene Domain – wie z.B. http://www.example.com – genutzt werden können.

Die App Engine unterstützt verschiedene Programmiersprachen, allen voran Java, aber auch andere JVM-basierende Interpreter und Compiler wie zum Beispiel JavaScript oder Ruby. Zusätzlich wird eine dedizierte Python Laufzeitumgebung mit der Standard Python Library und einem schnellen Python Interpreter angeboten. Wie auch bei den Amazon Web Services (siehe Kapitel 3.2) basiert auch die Google App Engine auf einem Pay-per-Use Preismodell, d.h. es werden keine Einrichtungskosten oder Grundgebühren verrechnet, sondern ausschließlich die Dienste, die auch tatsächlich in Anspruch genommen wurden. Allerdings ist der Einstieg in die App Engine völlig kostenlos, solange die monatlichen Pageviews unter 5 Millionen liegen und weniger als 500 MB Speicherplatz genutzt wird. Erst wenn diese Limits überstiegen werden,

18 Siehe: http://code.google.com/intl/de-DE/appengine/docs/whatisgoogleappengine.html

wird der Kunde aufgefordert für weitere Dienstleistungen zu zahlen.

Folgende Features bietet die Google App Engine seinen Kunden:

- dynamische Webdienste mit voller Unterstützung aktueller Webtechnologien
- persistener Speicher, der Suche, Sortierung und Transaktionen unterstützt
- automatische Skalierung und automatischer Lastenausgleich
- APIs zur Nutzerauthenfikation und zum Versenden von Mails per Gmail[19]
- die Möglichkeit einer lokalen Entwicklerumgebung, die die App Engine simuliert
- Warteschlangen zum Ausführen von Befehlen außerhalb von Webanwendungen
- Aufgabenplaner zum Starten bestimmer Ereignisse zu festgelegten Zeitpunkten

Das Preismodell[20] der Google App Engine ist gegenüber dem Modell von Amazons EC2 (siehe Kapitel 3.2.1) relativ einfach gehalten:

Resource	Unit	Unit cost
Outgoing Bandwidth	gigabytes	$0.12
Incoming Bandwidth	gigabytes	$0.10
CPU Time	CPU hours	$0.10
Stored Data	gigabytes per month	$0.15
Recipients Emailed	recipients	$0.0001

---

19 Siehe: http://mail.google.com
20 Siehe: http://code.google.com/intl/de-DE/appengine/docs/billing.html#Screencast

4 Absehbare Entwicklungen in der Zukunft

Abschließend lässt sich sagen, dass Cloud Computing bereits heute in vielen Bereichen der Informationstechnologie Einzug gehalten hat. Vor allem kleinere Unternehmen werden sich wohl in Zukunft vermehrt mit den Vorteilen der Cloud-Architektur befassen um Kosten zu sparen und um den meist aufwendingen Einrichtungskosten und Wartungsarbeiten für ein eigenes kleines Rechenzentrum zu entgehen.

Im Gegensatz zum grundlegenden Grid Computing, dass wie in Kapitel 1.2 bereits erwähnt, niemals für die Anwendung im kleineren Maßstab oder für den kommerziellen Gebrauch gedacht war, eröffnet die darauf aufbauende Architektur des Cloud Computing völlig neue Möglichkeiten, wie z.b. Skalierbare Dienste je nach eigenem Bedarf und auf kurzfristige Anforderungen kann schnell und flexibel reagiert werden. Zudem gibt es eine völlige Trennung zwischen Technik/Wartung und den eigentlichen Inhalten.

Viele Unternehmen drängen als Provider von Dienstleistungen aller Art auf Basis der Cloud-Architektur auf den Markt, da der Markt zum aktuellen Zeitpunkt noch nicht vollkommen erschlossen ist und noch großes Potenzial bietet. Das Marktforschungsunternehmen IDC rechnet nicht ohne Grund damit, dass die Ausgaben im Bereich Cloud Computing von knapp 16 Milliarden US-Dollar im Jahre 2008 auf mehr als 42 Milliarden US-Dollar im Jahre 2012 steigen werden (vgl. Leavitt, 2009, S.15). Ein weiteres Wachstum darüber hinaus erscheint aus aktueller Sicht mehr als sicher zu sein.

Cloud Computing hat also auf jeden Fall das Potenzial eine der großen Technologien der nächsten Jahrzehnte zu werden, die Grundsteine sind bereits gesetzt und ein sicheres Fundament geschaffen. Cloud Computing ist kein Hype mehr, sondern bereits in der Gegenwart angekommen und wird die Zukunft der Informationstechnologie noch stark verändern.

5 Literaturverzeichnis

Armbrust, M.; Fox, A.; Griffith, R.; Joseph, A.; Katz, R.; Konwinski, A.; Lee, G.; Patterson, D.;
Rabkin, A.; Stoica, I.; Zaharia, M. (2009).
Above the Clouds: A Berkeley View of Cloud Computing
University of California, Berkely, Technical Report.

Baun, C.; Kunze, M.; Tai, S.; Nimis, J. (2010).
Cloud Computing – Web-basierte dynamische IT-Services
Springer-Verlag Berlin Heidelberg
ISBN: 978-3-642-01593-9

Ciurana, E. (2008).
Developing with Google App Engine
Springer-Verlag Berlin Heidelberg
ISBN: 978-1-430-21832-6

Cunningham, P.; Wilkins, J. (2009).
A walk in the cloud.
Information Management Journal, 43(1), pp. 22 - 30

Murty, J. (2008).
Programming Amazon Web Services: S3, EC2, SQS, FPS, and SimpleDB
O'Reilly Media, Inc.
ISBN: 978-0-596-51581-2

Leavitt, N. (2009).
Is Cloud Computing Really Ready for Prime Time?
Computer, vol. 42, no. 1, pp. 15 – 20, January 2009

Rangan, K. (2008).
The Cloud Wars: $100+ billion at stake.
Merrill Lynch & Co., Inc., Technical Report.

Staten, J. (2008).
Is Cloud Computing Ready For The Enterprise?
Forrester Research, Inc. - March 7, 2008

Weinhardt, C.; Anandasivam, A.; Blau, B.; Borissov, N.; Meinl, T.; Michalk, W.; Stößer, J. (2009).
Cloud-Computing – Eine Abgrenzung, Geschäftsmodelle und Forschungsgebiete
Wirtschaftsinformatik, Ausgabe Nr. 2009-05, pp. 453 - 462